1 Einführung

Praktika sind zunehmend systematischer Bestandteil der Ausbildung und wichtiges Instrument ist das **Praxisberatungsgespräch**. Praktikant(inn)en werden in der Praxis beim Durchführen von Aktionen, Gestalten von unterschiedlichen Alltagssituationen oder bei konkreten Handlungsweisen **beobachtet**, dann **beraten** und meist auch **bewertet/benotet.**

Oftmals werden diese Situationen sowohl von den Praktikantinnen/Praktikanten als auch von den Betreuern oder Lehrkräften als belastend empfunden. Deshalb gibt es in vielen der Einrichtungen und Schulen Bestrebungen, die Situation der Praxisbesuche an sich und deren Nachbesprechung zu verändern.

Gehört das Praktikum zu einer schulischen Ausbildung oder einem Studium, macht die Lehrkraft einen Praxisbesuch. Jede Lehrkraft entwickelt dabei ihren eigenen persönlichen Stil. Das bedeutet, die Praktikanten und Praktikantinnen und die Einrichtungen sind der **Individualität der Lehrkraft** immer wieder neu ausgesetzt. Dem Anliegen der Ausbildung, die persönliche und fachliche **Kompetenz** der Praktikantinnen und Praktikanten zu **fördern**, ist dieser Vorgang nicht dienlich.

Praktikantinnen und Praktikanten haben häufig ihren Beruf (z.B. Erzieher/in oder Sozialpädagoge/Sozialpädagogin) gewählt, weil sie sich aus früherer Erfahrung heraus für den Umgang mit Kindern/Jugendlichen geeignet halten („Ich wollte immer schon mal was mit Kindern machen“) und haben die **Erwartung an die Ausbildung**, dass sie ihnen nette Arbeitstechniken vermittelt. Außerdem befinden sie sich in einem Lebensabschnitt, in dem sie ihre **eigene Identität** und Persönlichkeit entwickeln. Zu dieser Erwartung passt die Situation des Praxisbesuches oftmals gar nicht. Hier ist nicht mehr unbefangener Umgang mit Kindern gefragt, sondern **reflektiertes** pädagogisches Handeln in einer pädagogischen Institution. Dieses **Handeln** wird von außen bewertet und oft in Beziehung gesetzt zu persönlichen Eigenschaften der Praktikantin/des Praktikanten. Ein Praxisbesuch zerstört also häufig die freudige Grundeinstellung der Praktikant(inn)en und verunsichert sie in ihrer persönlichen Entwicklung.

Für die Anleitungen ist ein Praxisbesuch oft eine Situation, in der sie wieder in die alte Praktikantenrolle gedrängt werden, weil sie sich für den Erfolg des Besuches mit verantwortlich machen. Weil sie nicht am Unterricht in der Schule teilgenommen und ihre Ausbildung evtl. unter anderen Bedingungen gemacht haben, ist es für sie ggf. eine Überraschung, was die besuchende Lehrkraft zum Thema macht und was sie wie bewertet.

Die Folge dieser gesamten „Besuchssituation“ ist dann häufig, dass sie von den Praktikanten als eine oft gegen sie gerichtete **persönliche Beurteilung** wahrgenommen werden kann, die sie ihrer persönlichen Beziehung zur Lehrkraft zuschreiben („die kann mich nicht leiden“) und nicht als eine fachliche **pädagogische Beratung** ihres Handelns in der Praxis. Die Anleitung hingegen achtet darauf, dass „ihre Einrichtung“ einen guten Eindruck hinterlässt. Das Zusammenwirken von Praktikant/in und Anleitung aus ihrer speziellen Situation heraus kann dazu führen, dass für die besuchende Lehrkraft eine „Show“ abgezogen wird, um eine gute Note zu erreichen. Die pädagogische Kompetenz der Praktikant(inn)en entwickelt sich so nicht weiter. Er/Sie entwickelt eine Strategie, gute Noten zu erreichen, aber keine Strategie, sich selbst pädagogisch zu entwickeln.

Die Situation ist um so bedauerlicher, da die Praktikant(inn)en der Praxis hohe Bedeutung zumessen und im Gegensatz zur Schule sie als die eigentlich kompetente Ausbildungsstelle ansehen, in der man lernt, pädagogisch zu „überleben“. Die Chance für die Schule oder Hochschule, anregend und entwicklungsfördernd zu wirken, wird unter den umrissenen Besuchsbedingungen häufig verpasst.

Unter diesen Bedingungen lernen die Praktikant(inn)en die Reflexion und Gesprächsführung nicht als eine sozialpädagogische Methode kennen, die ihnen beispielhaft in der Beratungssituation vermittelt werden könnte.

Praxisbesuche und Nachbesprechungen sind entscheidende **Chancen** im Entwicklungsprozess von Praktikant(inn)en zu professionellen Fachkräften und sollten deshalb von Anfang an von ihnen als fachliche **sozialpädagogische Methode** erfahren werden, die es ihnen erlaubt, angstfrei ihre fachliche und persönliche Kompetenz zu entwickeln.
Ausgehend von diesem Ziel versucht dieses Heft die Reflexion in der Praxis selbst zum Thema zu machen, indem aufrissartig, ausgehend von der jetzigen Situation (Einleitung), der theoretische Hintergrund von Selbstentwicklung und Persönlichkeitsveränderung aufgezeigt wird (Kap. 2), wie sie beispielsweise in der Erzieher/innenausbildung seit langem eingefordert wird (Kap. 3) und punktuell auch in entsprechenden Richtlinien auftaucht (Kap. 4). Anschließend werden allgemeine Aspekte für den günstigen Verlauf eines Praxisbesuchs vorgestellt (Kap. 5), dessen Einhaltung durch die Struktur des hier entwickelten Leitfadens abgesichert werden soll (Kap. 6). In den Kapiteln 7 bis 10 wird der Umgang mit dem Leitfaden beschrieben, Erfahrungen und weitere Möglichkeiten werden aufgezeigt.

2 Theoretischer Hintergrund

Der Ansatzpunkt, die Praktikanten und Praktikantinnen zu aktiven Gestaltern der wichtigen Schnittstelle von Schule und Praxis zu machen und sie hier auch in die Verantwortung für ihre eigene Entwicklung zu nehmen, wird gestützt durch verschiedene theoretische Ansätze erziehungswissenschaftlich relevanter Forschung:

1. In der **Entwicklungspsychologie** hat sich das Bild vom Menschen geändert: Immer mehr setzt sich die Auffassung durch, dass der Mensch ein sich selbst entwickelndes Wesen ist und dass diese Entwicklung von dem einzelnen Menschen selbst gesteuert/initiiert wird. Der Mensch hat schon sehr früh die Fähigkeit, die für seine Entwicklung wichtigen Voraussetzungen zu fördern und für sich zu beanspruchen. Diese Fähigkeit zur Initiative wird ihm oftmals im Elternhaus, aber auch durch pädagogische Institutionen wie Schule und Ausbildung genommen, deren erstes Ziel oft Anpassung an vorhandene Denkstrukturen ist. Hier liegt wahrscheinlich auch ein Grund für ein Versagen von pädagogischen Institutionen: Die Betroffenen deuten das Anliegen der Institution in ihrem Sinne um und folgen nicht dem offiziellen Auftrag. Das heißt: Schüler/innen lernen in der Schule sehr viel, nur nicht das, was sich die Schule zum Ziel gesetzt hat. Aufgabe einer pädagogisch gestalteten Situation wäre es also, den Betroffenen die Eigeninitiative zur Selbstentwicklung zu ermöglichen.

2. Aus dem Bereich der **Lernforschung** verwies F. Vester schon früh darauf, dass Wahrnehmungen und Informationen durch den Menschen nicht nur passiv verarbeitet, sondern von jedem Subjekt auf Grund seiner eigenen bisherigen Erfahrungen jeweils individuell bearbeitet werden und dadurch für den einzelnen Menschen subjektiven Sinn bekommen (siehe das Standardwerk *„Denken, Lernen und Vergessen", erstmals 1978 erschienen, 2001 in 25. Auflage publiziert*).
In Lern-/Beratungssituationen ist also nicht nur darauf zu achten, dass richtige Informationen vermittelt werden, sondern auch darauf, wie die Informationen vom Rezipienten subjektiv verarbeitet werden. Es ist weiterhin dafür Sorge zu tragen, dass nicht andere Faktoren – zum Beispiel die persönliche Beziehung – eine Verarbeitung verhindern.

3. In der **Soziologie** weist Pierre Bourdieu auf die Bedeutung des Einzelnen hin, seine Handlungen, Wahrnehmungen, Beurteilungen selbst zu entwickeln. „Der Habitus als System von Dispositionen und Schemata fungiert als Denk-, Handlungs- und Wahrnehmungsmatrix. Schemata sind im Verlauf der kollektiven Geschichte ausgebildet worden und werden von den Akteuren in ihrer je eigenen Geschichte erworben." *(C. Bohn/A. Hahn: Pierre Bourdieu. In: D. Kaesler [Hrsg.]: Klassiker der So-*

ziologie, Bd. 2. München, 5. Auflage 2007) Aus ihrem „Habitus" – zentraler Begriff in der Theorie Bourdieus – heraus gehen Menschen subjektiv auf neue Probleme zu und bearbeiten sie auf dessen Grundlage. Für die Ausbildung von sozialpädagogischen Fachkräften und insbesondere von jungen Erzieherinnen und Erziehern bedeutet dies, dass wichtige Situationen auf, um mit Bourdieu zu sprechen, deren Habitus abgestimmt sein müssen, um sie überhaupt zu erreichen und sie selbst in die Lage zu versetzen, diesen gegebenenfalls zu verändern.

4. Ein **ganzheitliches Konzept zum subjektiven Lernen** stellt E. Kösel in seinem Buch *„Die Modellierung von Lernwelten" vor (1993 erschienen mit dem Untertitel „Ein Handbuch zur subjektiven Didaktik"; aktuell verfügbar als 4. Auflage in mehreren Bänden ab 2002 im SD-Verlag, Bahlingen)*. Ausgehend von der Kritik an herkömmlicher Erziehungspraxis deklariert E. Kösel die „prinzipielle Autonomie von Lebewesen", aus der sich notwendig eine subjektive Didaktik entwickelt.

3 Exemplarisch: Entwicklung bei der Ausbildung von Erzieher/-innen

Die Ausbildung hat sich mehrfach und in kürzer werdenden Zyklen verändert. Im ersten Schritt von der anfänglichen Kindergärtnerinnenausbildung zu einer Erzieher/innenausbildung war angestrebt, sie auf eine wissenschaftlichere Basis zu stellen. Diese wurde bald abgelöst durch eine Ausrichtung auf eine mehr fachlich orientierte Ausbildung. Der theoretische Schwerpunkt lag damals stärker auf der Vermittlung sozialwissenschaftlicher Theorien, in der Praxis setzte sich zuerst die Angebotsdidaktik durch (Ablösung der Bewahrpädagogik/Bildungsauftrag des Kindergartens/Frühförderung). Dieser Ansatz wurde wiederum abgelöst vom situationsorientierten Ansatz in vielfältigen Ausprägungen.

Immer wieder kam aber die Diskussion darüber auf, dass das in der (Fach-)Schule vermittelte Fachwissen nicht ausreichte, um dem Anspruch eines „guten" Erziehers, einer „guten" Erzieherin zu genügen. Die beruflichen Anforderungen an einen Erzieher/eine Erzieherin seien eng verknüpft mit einer gelungenen **Persönlichkeitsentwicklung** derselben, wobei es schwierig war, den Begriff „gelungene Persönlichkeitsentwicklung" zu definieren (ebenso den Begriff einer „guten Erzieherin"). Neben den fachlichen Fähigkeiten entwickelten sich die Kompetenzen, mit anderen im Team zu arbeiten und pädagogisch reflektiert sein eigenes Handeln abschätzen zu können, zu weiteren wichtigen Kriterien für einen „guten Erzieher"/eine „gute Erzieherin".

4 Niederschlag in Richtlinien

Die angeführte Veränderung in den sozialwissenschaftlichen Theorien und die allgemeine Tendenz in der Erzieher/innenausbildung wurde unseres Wissens in Deutschland zum ersten Mal aufgegriffen und umgesetzt in den Rahmenrichtlinien (RL) zum Ausbildungsgang Erzieher/Erzieherin – Allgemeine Hochschulreife in der damaligen Kollegschule Nordrhein-Westfalen (heute Berufskolleg).
Bei der Entwicklung des Lehrplans in der Kollegschule wurde auf das Konzept der Entwicklungsaufgaben nach Havighurst zurückgegriffen *(A. Gruschka: Wie Schüler Erzieher werden. Wetzlar 1985. S. 5 ff.)*. Die Entwicklungsaufgabe ist für die Jugendlichen einmal die Ableistung der allgemeinen jugendspezifischen Entwicklungsaufgaben, wozu die Berufswahlentscheidung gehört. Im Fall des Berufswunsches Erzieher/in bekommen die allgemeinen Entwicklungsaufgaben der Jugendphase eine besondere Brisanz, da die Entwicklung zur Erzieherin/zum Erzieher auch die Entwicklung der Persönlichkeit beinhaltet und damit mit den allgemeinen Aufgaben dieser Phase zusammenfällt.
Erweitert wurde das Konzept dadurch, dass aus dem Aspekt der Berufswahlentscheidung

vier Entwicklungsaufgaben abgleitet werden, die als allgemeingültig für die Anbahnung der Übernahme einer Berufsrolle angesehen werden *(A. Gruschka, a.a.O, S. 47)*.
Diese **vier Entwicklungsaufgaben** sind:
1. Entwicklung eines Konzepts der zukünftigen Berufsrolle
2. Entwicklung eines Konzepts der pädagogischen Fremdwahrnehmung
3. Entwicklung eines Konzepts pädagogisch-praktischen Handelns
4. Entwicklung einer Strategie der Professionalisierung im Berufspraktikum *(ebd. S. 48/89)*

Diesen Entwicklungsaufgaben werden jeweils spezifische Kompetenzen zugeordnet.

Heute sind in zahlreichen Richtlinien verschiedener Bundesländer die Kernaussagen des dargestellten Ansatzes übernommen. Insgesamt wird die Entwicklung folgender Kompetenzen erwartet (vgl. z.B. RL NRW):
- **Fachkompetenzen**, die Studierende befähigt, berufliche Aufgaben selbstständig, sachgerecht und methodengeleitet zu bearbeiten und Ergebnisse zu beurteilen,
- **Human- und Sozialkompetenzen**, die befähigen, verantwortungsvoll zu handeln sowie im Team Kommunikationsprozesse zu gestalten,
- **Methodenkompetenzen** für ein zielgerichtetes, planmäßiges Vorgehen und selbstständiges Arbeiten,
- **Lernkompetenzen** als Grundlage, um aktiv und eigenständig an gesellschaftlichen und beruflichen Veränderungen teilnehmen zu können.

Die Richtlinien sprechen zusammenfassend von **Handlungskompetenzen**. Das geht einher mit der Individualisierung der Ausbildung; übernehmen die Studierenden daraufhin Eigenverantwortung für ihren Ausbildungsgang, muss sich die Beratungssituation darauf einrichten.
Was hier für die Erzieher/innenausbildung exemplarisch dargelegt wurde, trifft grundlegend und übergreifend auf sozialpädagogische Ausbildungen und Studiengänge zu.

5 Allgemeine Kriterien für Praxisberatungsgespräche

Für Beratungs- und Bewertungssituationen lassen sich allgemeine wichtige Kriterien festlegen.
Die nachfolgenden Aussagen beziehen sich auf eine Befragung von Schüler/innen und Praxisbetreuungslehrkräften, auf Arbeitsmaterialien des Sozialpädagogischen Instituts NRW *(SPI NRW: Verzahnung von praktischen und schulischen Lernfeldern in der Erzieher/innenausbildung – Projekt-Post Nr. 3, Nov. 97)*, die bis heute nichts an ihrer Bedeutung verloren haben, und auf theoretische Ausführungen zur Gesprächsführung.
Für ein gelungenes Auswertungsgespräch sind sowohl ein angenehmer äußerer Rahmen, eine klare Struktur als auch die Wertschätzung und die Kongruenz (Echtheit) der beratenden Personen von großer Bedeutung.

Der äußere Rahmen:
Es empfiehlt sich ein ruhiger Ort für das Nachgespräch. Als eine angenehme und kommunikative Sitzordnung wird das „Über-Eck-Sitzen“ oder das Sitzen an einem Tisch empfunden. Diese Sitzformen ermöglichen Blickkontakt, lassen aber auch Distanz zu. Die Festlegung der Gesprächsführung, der Zeitstruktur und der Gesprächsinhalte muss vorweg klar vereinbart werden.

Der Gesprächsverlauf:
Als Berater/in ist es vor dem Beratungsgespräch wichtig, sich zu vergegenwärtigen, dass der Praktikant/die Praktikantin meist noch im Geschehen verhaftet ist und nicht die sofortige Distanz zur kritischen Auseinandersetzung aufbringen kann. Eine Pause bzw. kurze Rückzugszeit für den Praktikanten/die Praktikantin ist demnach empfehlenswert.
Grundsätzlich halten wir es im Rahmen der positiven Verstärkung und der persönlichen Wertschätzung der Praktikant(inn)en für sinnvoll und gut, zu Anfang die positiven Aspekte der Aktion von allen Beteiligten ausführlich herauszustellen. Hierbei ist es für ein gelin-

gendes Gespräch unabdingbar, dass die guten Anteile des Geschehens nicht nur kurz erwähnt werden, sondern explizit geachtet werden (an den Stärken arbeiten). Ein kurzes obligatorisches Loben, um dann schnell zu den vermeintlichen Fehlern überzugehen, ist zu vermeiden.

Die Praktikantinnen und Praktikanten stehen in der Regel noch unter dem Druck der Prüfungssituation und können ein distanziertes Herangehen an die Situation nur bedingt leisten. Dies bedeutet für den Gesprächsverlauf, dass sie Zeit bekommen sollten, um ihre Gedanken, Wahrnehmungen und Gefühle frei äußern zu dürfen.

Für die Lehrkraft ist hierbei wichtig, zu versuchen, sich in den/die Schüler/in einzufühlen und ihren Gedankengängen und Wahrnehmungen zu folgen.

Das Festlegen der weiteren Gesprächsinhalte sollte der Schüler (Praktikant)/die Schülerin (Praktikantin) mitbestimmen. Die Stellungnahme aller am Gespräch Beteiligten zu den verschiedenen Gesprächspunkten ist von großer Relevanz.

Das Schweigen einer Person, z.B. der Praxisanleiterin/des Praxisanleiters wird häufig als Desinteresse, Kritik oder Nichtakzeptanz interpretiert und führt zu Fantasien und Konfusion bei den Schüler/innen. („Man kann nicht nicht kommunizieren“ = 1. Axiom von Watzlawick.)

Die Lehrkraft und die Praxisanleitung sollten ihre Sichtweise des Geschehens darlegen und einzelne Aspekte beispielhaft erörtern. Hier sind konkrete Aussagen und das exemplarische Aufzeigen von alternativen Handlungsmöglichkeiten erwünscht (Fremdwahrnehmung der Praktikantin/des Praktikanten).

Fehler, die vermieden werden müssen:
Die beratende Lehrkraft sollte darauf verzichten, akribisch jeden Fehler aufzulisten, um das Gespräch nicht zu überfrachten. (Jeder Mensch ist nur bedingt aufnahmefähig.) Ein ständiges Kritisieren der Praktikantin/des Praktikanten durch die Lehrkraft kann dazu führen, dass der/die Praxisanleiter/in Partei für die Studierenden ergreift, sich zu ihrem Anwalt macht und es so zur Parteienbildung kommt. Es sollten nur echte Fragen gestellt werden, ein bloßes Frage-Antwort-Spiel – wie es gegeben wäre, wenn die Lehrkraft vom Praktikanten spezielle, vorbedachte Antworten erwartet – sollte nicht stattfinden.

Abschluss des Gesprächs:
Zum Abschluss des Beratungs-/Bewertungsgespräches muss eine Auswertung des Gesprächs erfolgen.

Eine kurze Zusammenfassung durch die Praktikantin/den Praktikanten erscheint sinnvoll. Nicht immer ist eine spontane Benotung notwendig, sondern häufig kann auch die Vereinbarung der nächsten methodischen und pädagogischen Schritte sinnvoll sein.

Ausblick:
Die nächsten Praxisaufgaben, besonders die Schwerpunkte des nächsten Besuchs, sollten vorausschauend und verbindlich geplant werden.

Fazit:
Grundvoraussetzung für ein gelingendes Beratungs- und Bewertungsgespräch bleibt die Akzeptanz der Beteiligten untereinander. Fühlt sich die Praktikantin/der Praktikant auf der Beziehungsebene unverstanden, als Persönlichkeit gering geschätzt, werden auch die Botschaften auf der Sachebene nicht mehr angenommen.

(„Jede Kommunikation hat einen Inhalts- und einen Beziehungsaspekt. Letzterer bestimmt den anderen und ist daher eine Metakommunikation.“ = 2. Axiom von Watzlawick.)

Hierbei spielt die Kongruenz (Echtheit) des Beraters/der Beraterin große Rolle.

Die sog. „digitale“ Kommunikation (Worte, Sprache) muss mit der „analogen“ Kommunikation (Gestik, Mimik, Tonfall) übereinstimmen. Bei Abweichungen kommt es zu Doppelbotschaften und Uneindeutigkeiten. Merkt die Lehrkraft dieses, muss sie/er dies durch sogenannte Rückkoppelungsprozesse, das heißt durch Fragen auf der Metaebene, klären.

6 Das Reflexionssystem in der Praxis – ein Leitfaden

Ein spezielles Verfahren, welches unserer Meinung nach schon von der Struktur her die Voraussetzungen schafft, die o.a. allgemeinen Punkte zu berücksichtigen, hat A. Goll für die Ausbildung von Lehramtsanwärterinnen/Lehramtsantwärtern entwickelt *(A. Goll: Unterrichtsnachbesprechungen mit Lehramtsanwärterinnen und Lehramtsanwärtern. In: Schulverwaltung NRW, Nr. 3/98, S. 81–82)*.

Für ein Gelingen von Unterrichtsnachbesprechungen nennt A. Goll drei Bedingungen:

1. „Die Menschenbildannahmen der Ausbilderinnen und Ausbilder müssen dazu führen, dass sie die Lehramtsanwärterinnen und Lehramtsanwärter als autonome, erwachsene Lerner ernst nehmen.
2. Die Unterrichtsnachbesprechungen müssen gleichzeitig in strukturierten Kommunikationsabläufen stattfinden.
3. Dabei muss die Situation allen beteiligten Personen jederzeit transparent sein.“ (ebd.)

Diese Bedingungen setzt A. Goll in einen transparent gemachten flexiblen Besprechungsplan, in dem die Lehramtsanwärter/innen die Themen der Nachbesprechung festlegen, um. Sie werden dadurch Subjekte des eigenen Lernprozesses (im obigen Sinn).

Der in diesem Heft vorgelegte Leitfaden greift die Vorgehensweise von A. Goll auf und ist der Versuch, sie auf die Beratungssituation in sozialpädagogische Arbeitsfelder zu übertragen.
Dass das vorliegende Heft seit fast zehn Jahre rege Nachfrage aus der Praxis hat und neu aufgelegt werden konnte, ist ein Beleg, dass dieser Übertrag gelingt.

Das Besprechungssystem wird in Form von Karten strukturiert und auf einem Tisch ausgebreitet (s. S. 7). Diese visualisierte Form des Gesprächsablaufs bietet für alle am Gespräch beteiligten Personen die gleiche Grundlage. Alle Gesprächsteilnehmer können durch die Transparenz der Methode den Vorgang des Gesprächs verfolgen und/oder beeinflussen. Nach einer Pause (Karte 1) und der Festlegung des Zeitrahmens (Karte 2) werden die Praktikant(inn)en aufgefordert, sich spontan zum Verlauf der zurückliegenden, zu besprechenden Situation zu äußern (Karte 3). Danach stehen die Stärken der Praktikant(inn)en im Vordergrund (Karte 4). Die Praktikant(inn)en können somit schon zum Anfang des Gesprächs Sicherheit und Vertrauen in das eigene Handeln gewinnen. Für die Geprächsleiter (Praxisanleiter oder Lehrkraft) kann dies bedeuten, sich auf die positiven Elemente zu konzentrieren, um einer anfänglichen Negativaufzählung entgegenzuwirken.

Die Praktikant(inn)en können dann ihre Problem- und Gesprächsanlässe mit Hilfe der inhaltlichen Karten thematisieren, d.h. die Gesprächsinhalte werden von ihnen mitbestimmt und nicht durch Schule und Praxis fremdbestimmt (Karte/n 5 – mehrere sind möglich/sinnvoll). So haben die Praktikanten immer die Chance, auch Themen und Fragen anzugehen, die für sie interessant oder unverständlich sind. Der Individualität der Praktikantin/des Praktikanten sowie seinem Lern- und Leistungsstand kann von den ausbildenden Instanzen (Schule, Praxiseinrichtung) auch hier eher entsprochen werden. Unterschiedliche Arbeitsansätze zwischen Theorie und Praxis können situationsbezogen geklärt werden. Für die Praxisanleitung, die neben der Lehrkraft ebenfalls inhaltliche Besprechungskarten bestimmt (Karte/n 5), bedeutet dies, jetzt mehr ihre Vorstellungen und Konzepte einzubringen.

Zusammengefasst: Neben den Praktikanten bestimmen auch die Praxisanleitung und die Lehrkraft die inhaltlichen Besprechungskarten.

Nach Besprechung der inhaltlichen Aspekte werden das Reflexionsverhalten der Praktikant(inn)en und der Ablauf des Gesprächs selbst thematisiert (Karte 6). Zum Schluss erfolgt eine Festlegung des weiteren Vorgehens, evtl. eine Benotung o.Ä. (Karte 7). Durch das „Ziehen“ der Störungskarte kann der Gesprächsverlauf jederzeit unterbrochen werden. Erst nach Bearbeitung der Störung wird das Gespräch fortgesetzt.

Gesprächsablauf

inhaltliche Besprechungskarten

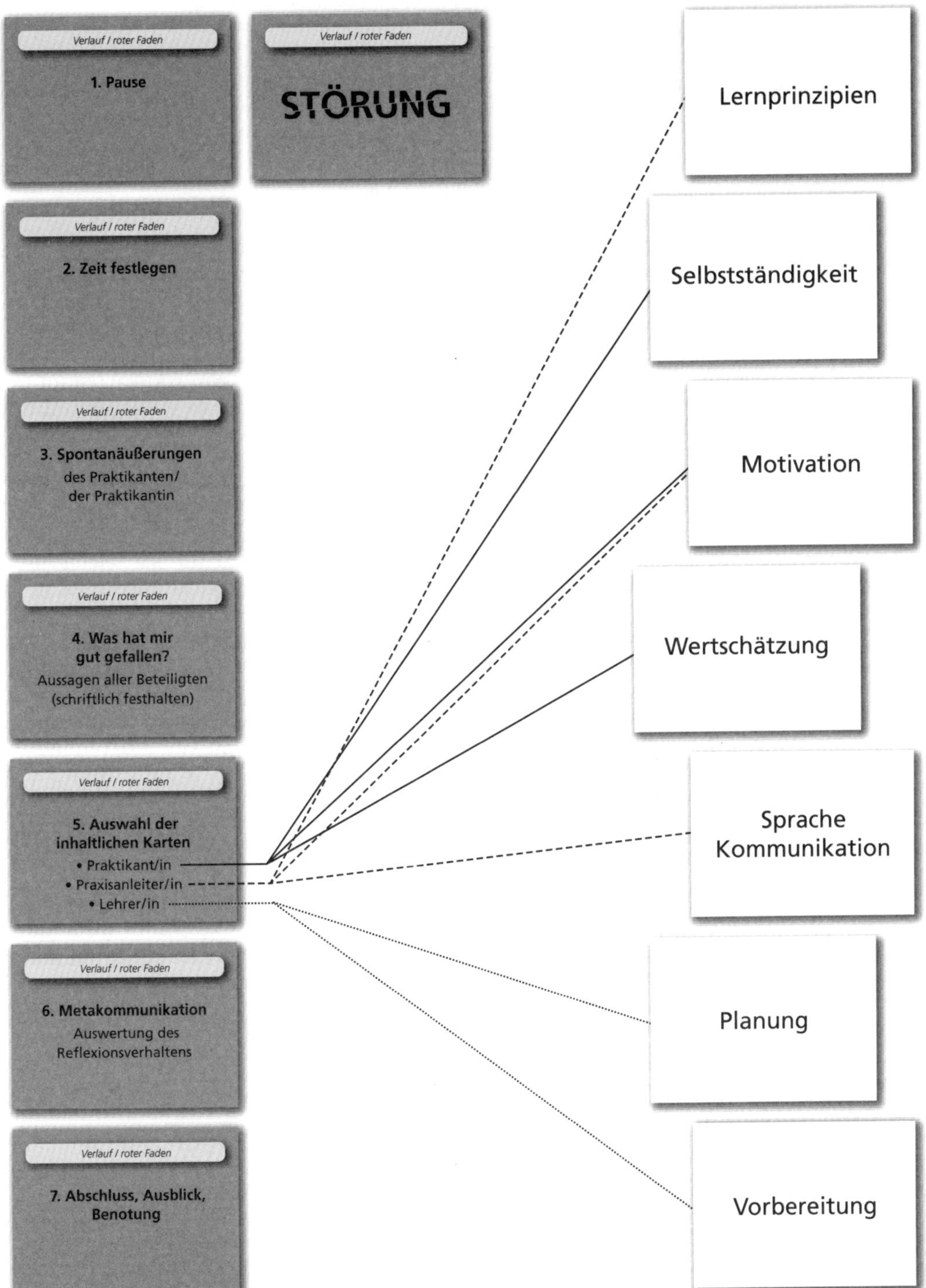

Der Leitfaden besteht also aus zwei Schwerpunkten:
I. dem formalen Ablauf mit unterschiedlichen Gesprächsphasen,
II. den inhaltlichen Besprechungskarten.

I. Darstellung der Gesprächsphasen

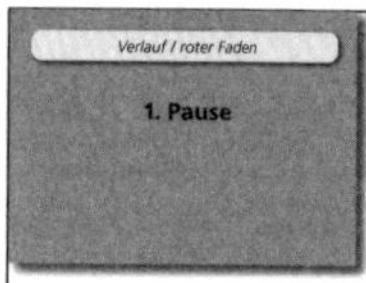

1. Karte:
Beginn mit der Pause

Nach einer Aktion der Praktikantin/des Praktikanten, egal wie Lehrer/in und Praxisanleiter/in diese bewerten, hat die Praktikantin/der Praktikant erst einmal viel geschafft. Er/sie hat eine Planung vorgelegt, die sich an der Kinder-, Jugend- oder Erwachsenengruppe orientiert, evtl. pädagogische Absichten beinhaltet, ihre eigenen Kompetenzen berücksichtigt. Und er/sie hat dies unter Beobachtung vollbracht.
Dies ist eine Leistung, die anerkannt werden sollte. Der Praktikantin/demPraktikanten sollte jetzt eine Pause zuerkannt werden. Die Pausenkarte signalisiert, dass die Aktion beendet ist und dass die Möglichkeit besteht, Luft zu holen usw.

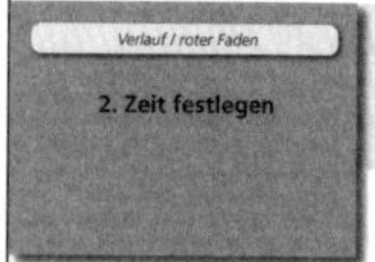

2. Karte:
Festlegung des zeitlichen Umfangs für das Gespräch

Hier gilt, sich auf eine Zeitspanne zu verständigen, die für alle beteiligten Personen annehmbar und akzeptabel ist. In Ausnahmen können auch Reflexionsgespräche aus den genannten Gründen auf einen nächsten Tag gelegt werden.
Grundsätzlich sollte ein Gespräch nicht unter 45 Minuten terminiert werden, um den Praktikant(inn)en reelle Chancen des Rückblicks zu ermöglichen sowie für alle beteiligten Personen einen intensiven Austausch sicherzustellen. Wird das Gespräch aber abweichend nur für 30 Minuten terminiert oder auch für länger, müssen sich alle Parteien darauf gut einstellen können. Die Vereinbarung stellt auch, wie das gesamte System, eine Art Verbindlichkeit dar, die für alle gilt.

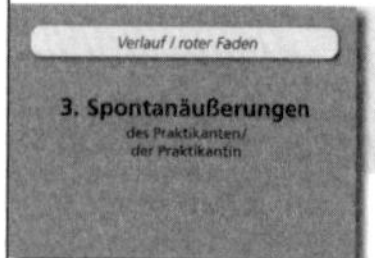

3. Karte:
Spontanäußerung der Praktikantin/des Praktikanten

Hier erhält die Praktikantin/der Praktikant die Möglichkeit, sich spontan zu äußern. Er/sie kann seine/ihre Gefühle beschreiben: „Ich bin geschafft!“, „Es lief nicht so, wie ich es geplant habe“, „Die Kinder hören mir überhaupt nicht zu“, „Jonas hat mir am besten gefallen, er hat sich völlig anders verhalten“, „Mich hat gestört, dass …“
Wichtig ist nicht nur die Tatsache, dass Praktikant(inn)en ihre Gefühle und Eindrücke auszudrücken lernen, sondern dass Lehrer/in und Praxisanleiter/in sich ein Bild über das Befinden der Praktikant(inn)en machen können.

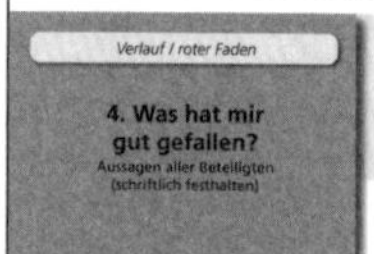

4. Karte:
Positives Feedback von allen am Gespräch beteiligten Personen

Hier sollen alle am Gespräch beteiligten Personen eine positive Aussage zur Aktion der Praktikantin/des Praktikanten tätigen (Was hat mir gut gefallen?). Im Vordergrund steht, positiv ins Gespräch zu gehen und Mut zu machen. Er/Sie lernt hiermit ebenso, seine/ihre Stärken zu formulieren. Die Aussagen werden gegenseitig angehört und verschriftlicht.

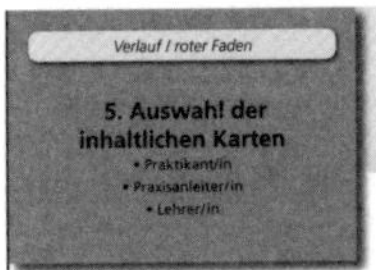

5. Karte:
Auswahl der inhaltlichen Besprechungskarten

Die Auswahl der inhaltlichen Gesprächskarten wird auf dem Tisch ausgebreitet und liegt allen beteiligten Personen vor.
Die Praktikantin/der Praktikant wählt eine oder zwei Karten aus und reflektiert diesen Gesprächsgegenstand. Lehrer/in und Praxisanleiter/in wählen ebenfalls je eine oder zwei Karten aus. Hier kann es auch zu Überschneidungen der gewählten Karten kommen. Ziel ist die Entwicklung eines fachlichen Gesprächs.
Freie Karten erlauben den Gesprächsteilnehmer(inne)n, weitere Aspekte auf die Blankokarten aufzuschreiben und diese zum Gesprächsanlass zu nehmen.

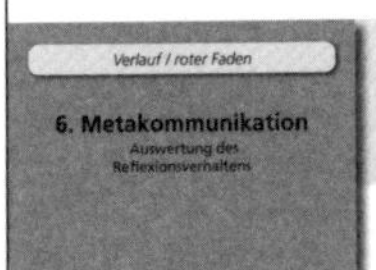

6. Karte:
Metakommunikation – Auswertung des Reflexionsverhaltens

In der Auswertung des Reflexionsverhaltens erhält die Praktikantin/der Praktikant an Beispielen die Information, wie ihre/seine Reflexionsfähigkeit bewertet wird. Wichtig ist hier zu unterscheiden, in welcher Ausbildungsphase sich die jeweilige Praktikantin/der jeweilige Praktikant befindet und welche Anforderungen hinsichtlich des Reflexionsverhaltens an ihn/sie gestellt werden.
Schüler/innen der Unterstufe haben vielleicht noch sehr wenig Erfahrungen und können sich selbst noch nicht so gut reflektieren sowie die Themen der Karten noch nicht inhaltlich konkret füllen.
Im Berufsanerkennungsjahr sollte jede Praktikantin/jeder Praktikant diese Kompetenz in ausreichendem Maße mitbringen und selbstständig weitere Professionalisierungswünsche und deren Umsetzung formulieren können.

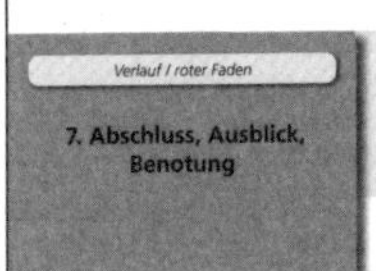

7. Karte:
Auswertung und Benotung, Ausblick

Je nach Ausbildungsstufe erhalten die Praktikant(inn)en die Rückmeldung über ihre persönliche Handlungsfähigkeit und wie diese von der Lehrkraft bewertet wird. Die Entwicklung (oder auch die Nichtentwicklung) sollte festgehalten und ein weiterer Entwicklungsplan aufgestellt werden. Ausgangspunkt sind auch hier die ausgewählten inhaltlichen Gesprächskarten. Ein Kriterium für die Beurteilung kann ebenso das Reflexionsverhalten sein.
Die Benotungskriterien insgesamt sollten (nach Möglichkeit) vor dem Gespräch bekannt sein, um im Vorfeld Sicherheiten zu geben.

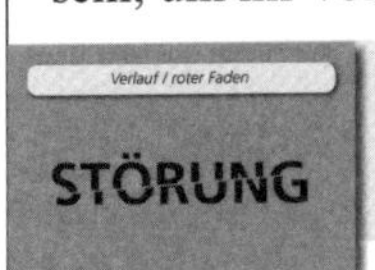

Störungskarte
Störungen haben Vorrang! (gemäß der TZI- Regel)

Alle Teilnehmer/innen des Gesprächs können die Störung anmelden. Es erfolgt sofort eine metakommunikative Phase.

II Die inhaltlichen Besprechungskarten

Bei der inhaltlichen Entwicklung der Karten sind wir von wichtigen Aspekten sozialpädagogischer Arbeit ausgegangen. Wir haben uns dabei stark an unserem eigenen Erfahrungsbereich der Erzieher/innenausbildung orientiert, und zwar für alle Arbeitsfelder von Erzieher/innen, was sich recht leicht für weitere Berufe generalisieren lässt. Gliederungspunkte waren dabei:

- Sachkompetenz
- Sozialkompetenz
- individuelle Kompetenz der Praktikant(inn)en

} = personale Kompetenz

- Ausbildungsstufen

- sozialpädagogische Arbeitsfelder

Aus diesen Bereichen werden jeweils konkrete inhaltliche Punkte genannt, die auf einer Karte festgehalten und Gegenstand der Reflexion werden können. Die Karten der einzelnen Kategorien haben eine unterschiedliche Farbe (siehe unten).

Die Aspekte sind so umfassend, dass nicht alle Situationen, alle Eventualitäten bei der Anfertigung der Karten berücksichtigt werden können. Wichtig ist, dass spezielle Karten für bestimmte Situationen oder auch Personen **selbst zusätzlich entwickelt** werden können (Blankokarten).

Unsere Auswahl der Karten ist in Zusammenarbeit mit Lehrer/innen, Fachleuten aus der Praxis und Schüler/innen bzw. Studierenden entstanden.
Entsprechend der Wichtigkeit wird der Darstellung der **personalen Kompetenzen** großer Raum eingeräumt. Sie sind hier unterteilt in Sachkompetenz, Sozialkompetenz und individuelle Kompetenz. Viele Begriffe sind dabei mehreren Bereichen zuzuordnen, daher eine einheitliche Darstellung in gelber Farbe.

Mögliche Aspekte personaler Kompetenz (gelbe Karten)

Sachkompetenz

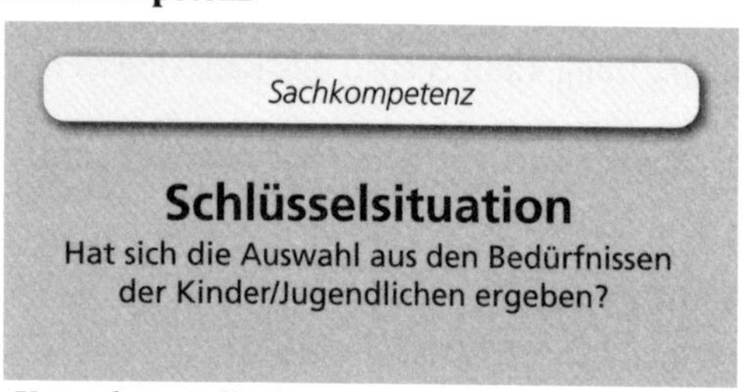

Karte beispielhaft

- Begründung der Auswahl der Aktion
- Beteiligung der Kinder/ Jugendlichen an der Planung
- Schlüsselsitutionen
- Hat sich die Auswahl der Aktionen aus den Bedürfnissen der Kinder/Jugendlichen ergeben?
- Vorbereitung
- Planung
- Reflexion mit Kindern/Jugendlichen
- Lernprinzipien
- Aktivität/ Handlungsorientierung
- Flexibilität
- Ganzheitlichkeit
- Individualität

- Kreativität
- Lebensnähe
- Selbstständigkeit
- Variabilität
- Gruppenprozess
- Fachwissen
- Regeln kennen und einhalten
- Innovation
- Hausaufgabenhilfe

… personale Kompetenz (gelbe Karten)

Sozialkompetenz

Karte beispielhaft

- Atmosphäre
- Kritikfähigkeit
- Kommunikation/Sprache
- nonverbale Kommunikation (Mimik/ Gestik)
- Kontakt
- Orientierungsfähigkeit
- Rollendistanz
- Spielbereitschaft
- Teamfähigkeit
- Umgang mit Grenzen
- Umsicht
- Wertschätzung
- Integration

… personale Kompetenz (gelbe Karten)

individuelle Kompetenz

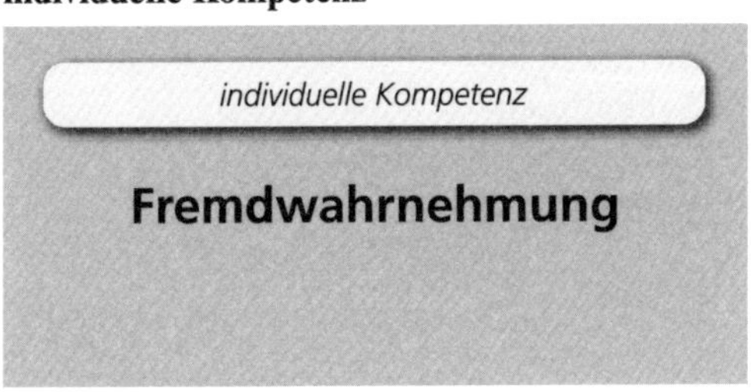

Karte beispielhaft

- Beobachtungsfähigkeit
- Darstellungsfähigkeit
- Empathie/Einfühlungsvermögen
- Engagement
- Erziehungsstil
- Fremdwahrnehmung
- Gesprächsführung
- Modellverhalten
- Motivation
- Mut, Risikobereitschaft
- Nähe/Distanz
- Orientierungsfähigkeit
- persönliche Offenheit
- Selbstwahrnehmung
- Wertschätzung
- Originalität

Mögliche Aspekte zu speziellen Arbeitsfeldern
Für den Kindergarten/die Kindertagesstätte haben wir keine gesonderten Aspekte zusammengestellt, weil die Arbeit dort durch die Karten zur personalen Kompetenz schon breit abgedeckt ist. Die für die Arbeit mit Jugendlichen erforderlichen spezifischen Kompetenzen sind hingegen durch jeweilige Karten zusätzlich berücksichtigt.

Dies sollte im Einzelfall beim Einsatz des Leitfadens in der Praxis nicht daran hindern, für das Gespräch zu einer Aktion im Kindergarten auch thematisch passende Karten aus dem Jugendbereich auszuwählen (z.B. zu Nähe/Distanz, Konfliktbewältigung, Umgang mit Gewalt o.Ä.). Entsprechend gelingt die Übertragung auf weitere Arbeitsfelder.

Kinderheim / Jugendwohngruppe
(grüne Karten)

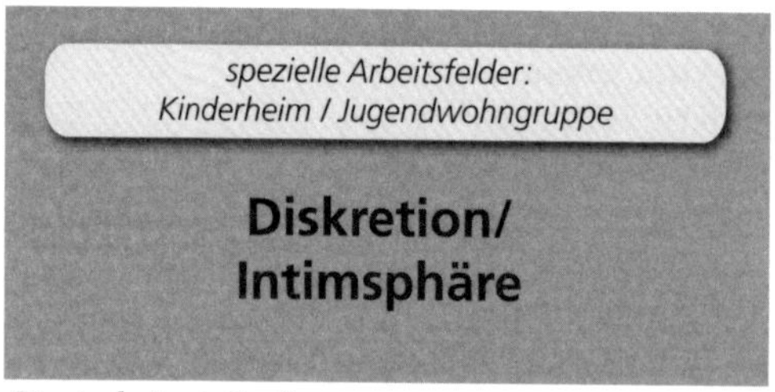

Karte beispielhaft

- Nähe/Distanz
- Rollendistanz/Rollenwechsel
- Diskretion/Intimsphäre
- Familiensituation der Kinder/Jugendlichen
- Perspektiven der Kinder/Jugendlichen
- Besuchskontakte
- Konfliktbewältigung
- Umgang mit Gewalt
- Umfeldanalyse
- Integration
- Schichtdienst

Jugendzentrum / offene Tür
(blaue Karten)

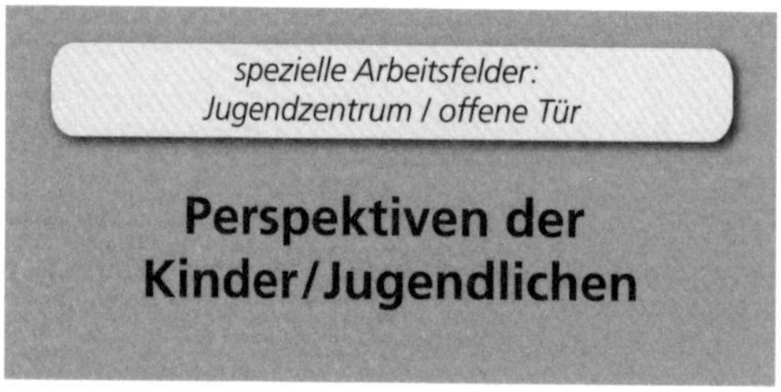

Karte beispielhaft

- Besucherstruktur
- Perspektiven der Jugendlichen
- Rollendistanz/Rollenwechsel
- Umgang mit Drogen
- Konfliktbewältigung/ Umgang mit Gewalt
- Umfeldanalyse
- Mode /Trends
- Subkulturen
- rechtsextreme Tendenzen
- Integration

Praktischer Hinweis
Ein Set der Karten ist in diesem Heft enthalten und kann herausgetrennt werden. Wer für eine intensivere Nutzung haltbarere Kärtchen braucht, kann sich diese natürlich nach der Vorlage leicht selbst anfertigen (auf Karteikarteien schreiben bzw. Karten als Plakatkarton herstellen; groß mit lesbarer Handschrift arbeiten oder z.B. mittels Computer auf Etiketten drucken und ggf. laminieren).
Beim Verlag können Sie den Set auch kostenlos als pdf herunterladen. Gehen Sie auf www.cornelsen.de/berufskompetenz.
Geben Sie auf der Startseite rechts als Webcode *Kartenset* ein.

7 Die Auswahl der inhaltlichen Besprechungskarten

In der konkreten Siuation eines Praktikumsbesuchs oder einer zu reflektierenden Situation muss eine Vorauswahl über die möglichen zu besprechenden Aspekte getroffen werden.

In der Fachschule oder Hochschule empfehlen wir grundsätzlich, eine Vorabauswahl, je nach Praktikumsaufgabe und Jahrgangsstufe, vor dem Praktikum zu treffen und diese einheitlich mit, aber zumindest für alle Kollegen/Kolleginnen und Schüler/Schülerinnen bzw. Studierenden festzulegen.
Sinnvollerweise könnte diese Vorauswahl im Unterricht entwickelt werden.

Für den Bereich Praxis empfehlen wir die gemeinsame Festlegung von Praxisschwerpunkten und dementsprechenden Karten mit dem Praktikanten/der Praktikantin, je nach Ausbildungsstand und Ausbildungsphase.

Sinnvoll ist natürlich ein Austausch zwischen Praxis und Bildungsstätte über die jeweils getroffene Auswahl.

Neben diesen gemeinsam entwickelten Aspekten sollte jeder Praktikant/jede Praktikantin die für seine/ihre persönliche Entwicklung wichtigen Aspekte festlegen. In der konkreten Situation kommt es also zu einer „Verschränkung" von persönlichen individuellen und fachlichen Aspekten.

Kriterien für die Auswahl
Für die konkrete Auswahl der Karten könnten folgende Gesichtspunkte wichtig sein:
- verschiedene Ausbildungsphasen
- verschiedene Arbeitsfelder
- persönliche Entwicklungen
- unterschiedliche Konzeptionen in der sozialpädagogischen Praxis
- Alltagssituationen

Dazu geben wir nachfolgend einige Beispiele.

Beispiele für die Auswahl

Orientierungsphase/Beginn der Ausbildung:
- Kontaktfähigkeit
- Gesprächsbereitschaft
- Spielbereitschaft
- Orientierung in der Praxisstelle
- Regeln der Einrichtung kennen und einhalten
- usw. …

Beispiele für einen sozialpädagogischen Arbeitsbereich/Heim:
- Distanz-Nähe
- Diskretion
- Einsatzbereitschaft
- Einfühlungsvermögen
- Umgang mit Grenzen / Grenzen setzen
- usw. …

Beispiel für die persönliche Entwicklung:
- Einsatzbereitschaft
- Entwicklungsprozess
- Kommunikation/ Sprache
- Gesprächsbereitschaft
- Fremdwahrnehmung
- Kooperationsfähigkeit
- usw. …

Beispiel für eine Alltagssituation:
- Vorbereitung
- Planung
- Umsicht
- Gesprächsführung
- Innovation
- Atmosphäre
- usw. …

Beispiele für unterschiedliche Konzeptionen: z.B. Offene Einrichtung nach der Konzeption nach Wieland:
- Umsicht
- Übersicht
- Teamfähigkeit
- Regeln
- Beobachtungsfähigkeit
- usw. …

8 Die Einführung des Leitfadens in die pädagogische Arbeit einer Schule/einer sozialpädagogischen Einrichtung

Der Leitfaden sollte den betroffenen Praktikant(inn)en, dem Kollegium, dem Team vorgestellt und die Benutzung geübt werden.

Lehrerkollegium/Dozentenkreis
Die Vorstellung und Diskussion im Lehrerkollegium sollte Priorität haben. Die Kollegen sollten den Leitfaden kennenlernen und diskutieren können. Gerade bei den thematischen Gesprächskarten sollte ein inhaltlicher Austausch der Lehrkräfte aller Fachrichtungen erfolgen. Eine Vergleichbarkeit kann erreicht werden, wenn sich eine Schule entscheidet, das System für alle Beratungsgespräche verbindlich einzusetzen.

Praxisstellen
Das System sollte in den sozialpädagogischen Praxisstellen vorgestellt und kommentiert werden. Schön wäre es, auf einem Praxisanleiter/innen-Treffen oder in Teambesprechungen dies schon zu erklären. Ein solche Vorabinformation erleichtert die Arbeit mit den Karten, ist aber (für uns) nicht zwingend notwendig.

Praktikanten/Praktikantinnen
Notwendig ist jedoch, dass die Praktikantinnen und Praktikanten die Karten kennen und damit im Unterricht schon vertraut gemacht wurden. Sinnvoll kann es auch sein, die Praktikant(inn)en an der Entwicklung oder Auswahl der Karten zu beteiligen (s.o.).

Die Einführung des Leitfadens bietet zugleich die Gelegenheit zu einer intensiven Diskussion über die wichtigen Inhalte der Ausbildung oder über wichtige Qualifikationen für die Tätigkeiten in sozialpädagogischen Arbeitsfeldern und unterstützt so die Integration von Theorie und Praxis.

9 Erfahrungen mit dem Reflexionssystem

Das Besprechungssystem wurde bereits erfolgreich in der Erzieher/innen- und in der Kinderpflegeausbildung eingesetzt. Durchweg wurde dabei das Reflektieren mit Hilfe der Karten als positiv erlebt.

Der klare Verlauf gibt eine Struktur vor, die Sicherheit und Orientierung gibt.

Die Erfahrungen der einzelnen Gruppen von Beteiligten lassen sich zusammenfassen:

Praktikanten/Praktikantinnen
- Die Praktikant(inn)en fühlten sich ernst genommen und in ihrer Professionalisierung unterstützt.
- Die Spontanäußerungen erlauben die Gefühlslage zu erklären.
- Die positiven Aspekte der Aktion werden deutlich hervorgehoben, die Stärken stehen im Vordergrund.
- Das Reflexionsgespräch bekommt einen anderen, eigenen Stellenwert, wird nicht mehr nur als Anhängsel der durchgeführten Aktion/der beobachteten Situation betrachtet.
- Das Reflektieren wurde als fachlicher und viel konkreterer Austausch und als bedeutend stärker selbstbestimmt empfunden.
- Emotional fühlen sich die Praktikanten/Praktikantinnen angenommen und weitaus weniger persönlich kritisiert.
- Es ist jetzt eine stärkere Vergleichbarkeit der Reflexionsgespräche gegeben.

Lehrkräfte
- Die Lehrkräfte fühlen sich durch das Verfahren deutlich entlastet. Auch sie loben die klare Struktur und den eindeutigen Verlauf des Gespräches.
- Das Reflexionsgespräch wird durch den Praktikanten/die Praktikantin mitbestimmt. Die Lehrkraft hat eine mehr moderierende und damit eine weniger dominante, d.h. von seiner/ihrer Person stärker

losgelöste Funktion. Eine Vergleichbarkeit der Reflexionsgespräche ist stärker gegeben.

Praxisanleiter/innen

- Die Praxisanleiter/innen werden durch das Verfahren sehr viel stärker in den Reflexionsprozess mit einbezogen und sie sind durchweg interessiert und begeistert von der Methode.
- Die im Leitfaden angelegte Gleichwertigkeit von Lehrkräften und Praxisanleiter/in beim Gespräch wird als besonders positiv angesehen. Sie möchten das Verfahren in der Praxisanleitung selber anwenden.

Natürlich zeigt die Erprobung auch Probleme und Schwierigkeiten auf.

Was als schwierig/negativ empfunden wurde

- Nicht alles kann mehr erzählt werden, sondern alle Beteiligten müssen sich an die gewählte Gesprächskarte halten, es besteht die Befürchtung, dass nicht alles Wichtige angesprochen werden kann.
- Nicht alles Positive kann ausgiebig erzählt werden.

10 Weitere Möglichkeiten

Über die Verbesserung der Praxisgespräche hinaus bietet die Einführung des Leitfadens die Möglichkeit, eine Reihe pädagogischer Veränderungen zu initiieren. Einige Aspekte:

- Bei der Erarbeitung der konkreten inhaltlichen Karten kann die einzelne Bildungsstätte die für sie wichtigen Ziele entwickeln und diskutieren (s.o.).
- Anhand des Leitfadens ist es denkbar, dass die Schüler/innen bzw. Studierenden ihre Gesamtentwicklung oder verschiedene Entwicklungsbereiche selbst oder miteinander reflektieren.
- Auf gemeinsamen Veranstaltungen kann die Erarbeitung auch in Zusammenarbeit von Praktikant(inn)en, Lehrkräften und Praxisanleitung erfolgen.
- Für die weitere Gestaltung des Unterrichts können konkrete Praxiserfahrungen thematisiert werden.

Zusammenfassende Anleitung zum Umgang mit den Karten

– Konkrete Handhabung des Besprechungssystems –

1. Die Karten heraustrennen und ausschneiden (oder Set als Vorlage für die Anfertigung von Pappkarten benutzen, s. Bemerkung S. 12).

2. Die roten Karten (Gesprächsverlauf) als Leiste untereinander legen.

3. Die anderen farbigen Karten je nach Auswahl neben die Leiste anordnen. Hierbei sollte nach Schwerpunkten unterschieden werden. Wir empfehlen die Vorauswahl maximal auf ca. 20 Karten zu begrenzen.

   Die Farben helfen bei der Orientierung:
   gelb = personale Kompetenzen
   grün = spezielles Arbeitsfeld Kinderheim/Jugendwohngruppe
   blau = spezielles Arbeitsfeld Heim
   Blanko-Karten = um allen Beteiligten die Möglichkeit zu geben, weitere Besprechungskarten in der Situation hinzuzufügen

4. Rote Störungskarte besprechen und an den Rand stellen.

5. Möglich ist die Verwendung eines Spielsteins, um die Gesprächsphasen zu markieren

6. Wenn die Auswahl der Besprechungskarten getroffen ist, sollten diese gut sichtbar aus dem Besprechungssystem herausgenommen werden und einen freien Platz vor der Praktikantin/dem Praktikanten bekommen.

7. Nach Abschluss des Gesprächs kann es in der Anfangsphase gut sein, mit den beteiligten Personen kurz über die Reflexionsmethode zu sprechen (positive und negative Rückmeldung).

Verlauf / roter Faden

1. Pause

Verlauf / roter Faden

2. Zeit festlegen

Verlauf / roter Faden

3. Spontanäußerungen

des Praktikanten/
der Praktikantin

Verlauf / roter Faden

4. Was hat mir gut gefallen?

Aussagen aller Beteiligten
(schriftlich festhalten)

Verlauf / roter Faden

5. Auswahl der inhaltlichen Karten

- Praktikant/in
- Praxisanleiter/in
- Lehrer/in

Verlauf / roter Faden

6. Metakommunikation

Auswertung des
Reflexionsverhaltens

Verlauf / roter Faden

7. Abschluss, Ausblick, Benotung

Verlauf / roter Faden

STÖRUNG

Sachkompetenz

Begründung der Auswahl der Aktion

Sachkompetenz

Gruppen-prozess

Sachkompetenz

Schlüsselsituation

Hat sich die Auswahl aus den Bedürfnissen der Kinder/Jugendlichen ergeben?

Sachkompetenz

Reflexion mit Kindern/Jugendlichen

Sachkompetenz

Fachwissen

Sachkompetenz

Regeln

Sachkompetenz

Planung

Sachkompetenz

Kompetenzen und Qualifikationen, Ziele

Sachkompetenz

Beteiligung der Kinder/ Jugendlichen an der Planung

Sachkompetenz

Flexibilität

Sachkompetenz

Vorbereitung

Sachkompetenz

Methoden

Sachkompetenz

Innovation

Sachkompetenz

Kreativität

Sachkompetenz

Hausaufgabenhilfe

Sachkompetenz

Individualität

Sachkompetenz

Lernprinzipien

Sachkompetenz

Variabilität

Sachkompetenz

Ganzheitlichkeit

Sachkompetenz

Aktivität/ Handlungsorientierung

(Flexibilität)

Sachkompetenz

Selbstständigkeit

Sozialkompetenz

Atmosphäre

Sachkompetenz

Lebensnähe

Sozialkompetenz

Kommunikation/Sprache

Sozialkompetenz

Spielbereitschaft

Sozialkompetenz

Teamfähigkeit

Sozialkompetenz

Kontakt

Sozialkompetenz

Umsicht

Sozialkompetenz

Kritikfähigkeit

Sozialkompetenz

Integration

Sozialkompetenz

nonverbale Kommunikation
(Mimik-/-Gestik)

Sozialkompetenz

Entwicklungsprozess

Sozialkompetenz

Rollendistanz

Sozialkompetenz

Umgang mit Grenzen

Sozialkompetenz

Orientierungsfähigkeit

Sozialkompetenz

Wertschätzung

Sozialkompetenz **Einsatzbereitschaft**	*individuelle Kompetenz* **Gesprächsführung**
individuelle Kompetenz **Mut, Risikobereitschaft**	*individuelle Kompetenz* **Empathie/ Einfühlungsvermögen**
individuelle Kompetenz **Beobachtungsfähigkeit**	*individuelle Kompetenz* **Modellverhalten**
individuelle Kompetenz **Darstellungsfähigkeit**	*individuelle Kompetenz* **Selbstwahrnehmung**
individuelle Kompetenz **Engagement**	*individuelle Kompetenz* **Erziehungsstil**
individuelle Kompetenz **Motivation**	*individuelle Kompetenz* **Mut, Risikobereitschaft**

individuelle Kompetenz

persönliche Offenheit

individuelle Kompetenz

Fremdwahrnehmung

individuelle Kompetenz

Orientierungsfähigkeit

individuelle Kompetenz

Nähe/Distanz

individuelle Kompetenz

Modellverhalten

individuelle Kompetenz

Originalität

spezielle Arbeitsfelder: Kinderheim / Jugendwohngruppe

Nähe/ Distanz

spezielle Arbeitsfelder: Kinderheim / Jugendwohngruppe

Familiensituation der Kinder/Jugendlichen

spezielle Arbeitsfelder: Kinderheim / Jugendwohngruppe

Diskretion/ Intimsphäre

spezielle Arbeitsfelder: Kinderheim / Jugendwohngruppe

Umfeld-analyse

spezielle Arbeitsfelder: Kinderheim / Jugendwohngruppe

Perspektiven der Kinder/Jugendlichen

spezielle Arbeitsfelder: Kinderheim / Jugendwohngruppe

Integration

spezielle Arbeitsfelder: Kinderheim / Jugendwohngruppe

Konfliktbewältigung/ Umgang mit Gewalt

spezielle Arbeitsfelder: Kinderheim / Jugendwohngruppe

Dienstplan/ Schichtdienst

spezielle Arbeitsfelder: Kinderheim / Jugendwohngruppe

Rollendistanz/ Rollenwechsel

spezielle Arbeitsfelder: Kinderheim / Jugendwohngruppe

Belastbarkeit

spezielle Arbeitsfelder: Kinderheim / Jugendwohngruppe

Besuchs-kontakte

spezielle Arbeitsfelder: Kinderheim / Jugendwohngruppe

spezielle Arbeitsfelder: Jugendzentrum / offene Tür

Nähe/ Distanz

spezielle Arbeitsfelder: Jugendzentrum / offene Tür

Umgang mit Drogen

spezielle Arbeitsfelder: Jugendzentrum / offene Tür

Besucher-struktur

spezielle Arbeitsfelder: Jugendzentrum / offene Tür

Umfeld-analyse

spezielle Arbeitsfelder: Jugendzentrum / offene Tür

Perspektiven der Kinder/Jugendlichen

spezielle Arbeitsfelder: Jugendzentrum / offene Tür

Mode/ Trends

spezielle Arbeitsfelder: Jugendzentrum / offene Tür

Konfliktbewältigung/ Umgang mit Gewalt

spezielle Arbeitsfelder: Jugendzentrum / offene Tür

rechtsextreme Tendenzen

spezielle Arbeitsfelder: Jugendzentrum / offene Tür

Rollendistanz/ Rollenwechsel

spezielle Arbeitsfelder: Jugendzentrum / offene Tür

spezielle Arbeitsfelder: Jugendzentrum / offene Tür

Integration/ Ausländer

spezielle Arbeitsfelder: Jugendzentrum / offene Tür